AIMONS-NOUS, UN INSTANT

Mel DA COSTA

AIMONS-NOUS, UN INSTANT

© 2025 Mel Da Costa
Édition : BoD · Books on Demand, 31 avenue Saint-Rémy, 57600 Forbach, bod@bod.fr
Impression : Libri Plureos GmbH, Friedensallee 273, 22763 Hamburg (Allemagne)
ISBN : 978-2-3225-7402-5
Dépôt légal : Avril 2025

AIMONS-NOUS, UN INSTANT

Mel DA COSTA

Aux belles personnes que je connais,

à la belle personne que vous êtes, sans cesse
à tous ceux qui souhaitent se retrouver, allégés
à tous ceux qui ont réussi à s'aimer, apaisés

que votre lumière brille et éclaire
le monde de sa douce clarté, doucement, sincèrement

Aimons-nous, un instant

1.   *Aux pères qui manquent de tact.*

Aimons-nous, un instant

Ce soir-là, j'avais seulement dix ans,
j'ai entendu mon père hurler sur ma mère,
ce n'était pas banal,
mais ce soir-là, c'était si fort, cela m'a réveillée,
des objets ont volé, une scène déchirante, désolée

coups, hurlements, sa voix portait, criant fort,
la peine vibrante déchirant mon corps

j'ai hurlé mon âme entière avec elle,
timidement, prudemment

ces coups devenus quotidiens, un enfer personnel.
Pétrifiée, j'entendais menaces et promesses amères :
"si tu ne dis pas qui t'a dit ça, je frapperai les enfants",
clairement délétères

j'ai compris qu'il en était capable,
dans un élan de colère, un danger palpable,
il pourrait nous faire du mal, être impitoyable

chaque soir, peur que ce soit le dernier, une angoisse
inébranlable,
l'idée d'agir, terrifiante, inacceptable.

Quand le jour se levait, elle souriait, cachant les
marques persistantes,
des bleus dissimulés, l'empreinte du mal récurrent.
Elle cachait la haine, les séquelles des coups infligés,
chaque jour, j'espérais qu'il ne ressemble pas au dernier

Mel DA COSTA

j'ai eu peur de lui toute mon enfance,
apprenant à le détester, une résistance,
aussi fort que je l'ai aimé,

un amour compliqué, difficile à démêler,
les ombres ont obscurci mes jours,
me faisant douter de l'amour.
Qui pourtant au fond de moi subsistait,

un amour caché, qu'il fallait accepter
détester cet amour pour mieux me protéger,
éviter les blessures, me préserver.
Mais malgré tout, il restait là,
un sentiment ambigu, qui me tourmentait
aimer et haïr, un combat intérieur,
dans cette dualité, je cherchais la lueur

l'enfance marquée par cette danse,
entre la peur et l'amour, *une étrange romance.*

Aimons-nous, un instant

J'ai commencé à m'étouffer, à fuir mon esprit,
à cacher mes sourires, dans l'obscurité qui surgit,

j'espérais que cela finisse, que le calme revienne,
dans l'ombre, j'attendais que la paix me retienne

nous avons vu tant de choses,
que des enfants devraient ignorer,

les courses-poursuites à la sortie de l'école,
les avocats, la police, une routine qui nous frôle

nous avions l'habitude, dans cette vie tourmentée,
de grandir trop vite,
dans *une réalité ébranlée*

Aimons-nous, un instant

et le seul souvenir qui me revient,
c'est mon âme tremblante,
enfermée dans une pièce,

la peur *mordante*,
incessante.

Mel DA COSTA

J'ai grandi dans une famille où le sourire matinal était
inquiétant,
dire bonjour était considéré comme une insulte,
déconcertant.

Les repas en famille étaient une pratique révolue,
dans ce foyer où ils ont laissé la détresse s'installer,

nous avons grandi, livrés à ces conditions,
sans secours.

Alors qu'ils étaient tous au courant,
leur silence amplifiant le discours

Aimons-nous, un instant

un appel à l'aide,
c'était trop demander,
quand nos yeux mouillés, cherchaient à les toucher

tous affirmaient être une famille unie,
mais quand nous avons eu besoin, ils ont tous pris la fuite, *impunis*
où êtes-vous à présent ?
mon âme d'enfant crie toujours autant.

Le cœur froissé, *très abimé*
j'imaginais être aimé, comme dans un conte de fée

comment est-ce possible quand papa a arrêté de
s'intéresser,
comment grandir, quand il vous a montré tout ce que
vous détestez

le coeur brûlant, j'ai peur qu'ils deviennent tous
comme toi.
Je suis désolée de peser mes mots mais je suis épuisée
d'avoir peur de parler de toi.
Éreintée de ne tomber que sur des personnes qui me
brisent le coeur, à commencer par toi.
Je n'étais qu'une enfant,
fragile, inconsciente

j'aimerais seulement être aimée,
par mon papa pour commencer.

Aimons-nous, un instant

Comment expliquer au monde que nos cœurs se déchirent,

quand on le voit avec tendresse ses enfants chérir,

tandis que nous,
toujours ignorés,

restons dans l'ombre, à pleurer et espérer.

Mel DA COSTA

Et puis le temps passe,
et les bleus sur ses bras deviennent de plus en plus marquants,
les séquelles deviennent de plus en plus graves,
et on se retrouve de plus en plus souvent à l'hôpital.

Sa vie est mise à rude épreuve

mais c'est normal
est-ce que ça doit l'être ?
personne ne semble réagir

maman,
reste en vie, je t'en prie

Aimons-nous, un instant

elle n'était pas seule à porter sa douleur,
elles étaient deux,
et moi,
témoin sans valeur

j'ai pleuré pour elles,
j'ai prié, sans répit,
pour que cessent enfin ces affres maudites,

que la paix les enveloppe, loin de cette querelle infinie

je vous en supplie, ne m'en voulez pas,
je ne pouvais regarder, ni m'interposer, *hélas*

mon cœur en lambeaux, ma voix en silence,
devant cette douleur, cette triste absence

pardonnez-moi

Aimons-nous, un instant

au final,
nous étions tous dans le même panier,
la même douleur, les mêmes repères égarés

j'ai senti que c'était trop, quand je l'ai vue
au-dessus du vide, le corps au bord du rebord tordu,

elle n'en pouvait plus

papa, tu étais où à ce moment-là ?

J'ai commencé à écrire, mon esprit se noyait, mes émotions dispersées, entremêlées, *embrouillées*

prise au piège dans les larmes de mon passé, les souvenirs m'envahissent, m'enserrent,

m'ont enlacée.

Aimons-nous, un instant

Les soirées calmes me faisaient plus peur que les bruyantes,
cachée sous la couette,
comme si elle nous protégeait d'une fin lente,

on finissait par s'endormir,
cœurs battant vite,
larmes au coin des yeux,
souffle retenu dans la nuit.

« Il ne nous entendra pas », murmurions-nous,
dans l'ombre, à l'abri, loin du monde et de tout.

Mel DA COSTA

Je n'ai plus vraiment de souvenir,
tout est devenu flou,
comme si mon esprit en faisait l'impasse,
voulant tout oublier, d'un coup

même le peu d'amour qu'il aurait pu nous offrir,
s'est perdu dans l'oubli,
à jamais évanoui,

Aimons-nous, un instant

bizarrement, en grandissant,
ce sujet est toujours resté tabou.

Je n'en ai jamais vraiment parlé avec elles,
je ne le méritais pas, après leur courage fou

pensent-elles aussi que l'amour est dévastateur,
qu'il engendre peur et angoisse,

plutôt que bonheur ?

- Que veut dire « *aimer* » ?

c'est étrange comme mot vous ne trouvez pas, « *aimer* »
je dirais qu'il signifie sacrifice, parfois insensé

est-il lié à d'autres mécanismes ?
représente-t-il la peur ?
ou un doux euphémisme ?

j'ai vraiment l'impression d'être la seule,
à ressentir ce poids,
à porter ce deuil

et je ne remercierai jamais assez ces mères fortes
et dévouées,
qui font grandir la société,
leurs enfants,
en gardant la tête levée.

Plus précisément cette mère,
qui nous a inondés d'amour, pour combler le sien
qui a lui même déserté

son corps, qu'elle a partagé en trois pour combler nos
parts manquantes,
et malgré ses propres manques,
elle a continué à sourire, *vaillante*

comme si la vie pouvait encore être si belle,
comme si rien n'était arrivé,
comme si tout était réel

alors que les nuits étaient peintes de douleurs, les murs
sombres pleurent a leur tour, ils sont déchirés,
comme son coeur

mais elle sourit pour nous *redonner vie*
encore.

Et quand j'ai eu le courage de lui avouer
qu'il avait brisé l'enfant que j'étais, sans pitié

il m'a traitée de « *traînée* », sans une once de regret

mon cœur s'est déchiré à cet effet,
je vous en supplie, dites-moi que ce n'est pas ça,

« *aimer* ».

Aimons-nous, un instant

2.   *Aux garçons disant nous aimer.*

Aimons-nous, un instant

Et j'ai grandi en imaginant
que l'amour d'un père n'était que douleur,
qu'il était synonyme de tourment,
un sombre fardeau, un lourd malheur

donc j'ai pris la fuite, cherchant un cœur pur,
sûrement un manque d'amour,
une envie d'azur,

une quête ardente, une soif d'ailleurs,
pour combler le vide, *apaiser la peur.*

Aimons-nous, un instant

On ne m'a jamais appris l'art d'aimer,
depuis petite, l'inconditionnel m'est étranger

et puis son regard m'a attirée,
ne me demandez pas pourquoi, j'y suis allée,
sans regarder

j'estimais pouvoir l'aimer,
besoin de croire que j'avais le droit, d'être *aimée*.

Aimons-nous, un instant

Il faisait nuit, comme si la complexité s'effaçait,
à chaque coucher de soleil, le monde s'apaisait

il était là, près de moi, m'embrassant comme si c'était la dernière fois,
un peu éméché, ces lèvres au goût de rosé

ces doigts parcouraient mon corps, ignorant ces limites,
ses mains ont basculé, ce n'était plus léger et magnifique,
mais grossier, brutal,
brûlant de douleur intérieure,
dans une danse devenue ma plus grande frayeur

"*tu me fais mal*", ai-je doucement crié,
ignorée, mes cris noyés dans la nuit étoilée,
tristement

les limites effacées, l'intimité violée,
dans cette danse macabre, ma douleur était relayée

j'ai senti mon corps se crisper, puis se relâcher, trembler.
Le fond de mon âme a hurlé « *à l'aide* »,
encore une fois
c'est quand il en a eu assez, qu'il m'a laissé filer
il fut le premier, et cette nuit-là n'a jamais été ma préférée

je ne sais pas si tu te souviens de moi,
mais cette nuit persiste, gravée dans ma mémoire

tes mains agrippant mes vêtements, les forçant à s'envoler,
sur mon cou, une emprise, une réalité à révéler

tu étais censé être celui qui me protégeait,
mais tu as trahi ce rôle, tu m'as écorchée

les souvenirs douloureux, des cicatrices à porter,
ton ombre, un poids, difficile à déloger

merci à toi d'avoir *bousillé* ma confiance en moi
des mots tranchants, une brèche dans ma foi

merci.

Aimons-nous, un instant

Mon cœur a recommencé sa routine :

se cacher, pleurer et capituler

prisonnier des douleurs qu'il croyait oublier

Mel DA COSTA

pourquoi tout semble être lourd à porter,
quand les autres sourient toute la journée ?

suis-je seule dans ce monde à dériver

et si j'avais raison ?
et s'ils étaient tous comme toi ?

Mel DA COSTA

Après cela, j'ai arrêté de parler,
je me suis renfermée, attendant la pluie,
fixée devant ma fenêtre, à espérer
que les gouttes effacent le passé

j'espérais que la pluie, en tombant doucement,
laverait les traces de mon tourment, *de mon passé*

Aimons-nous, un instant

et si aimer ressemble à ça,
c'est vraiment un rêve qui vire au cauchemar,

comment rendre le cœur léger,
quand l'amour devient un fardeau, trop lourd à croire

je ne veux plus être aimée,
si cela signifie toujours souffrir en secret.

Mel DA COSTA

Aimons-nous, un instant

3.   *Aux amis devenus plus intimes.*

Et un jour, son regard a croisé le mien
m'intimidant,
traversant mon âme entière
embrassant chaque partie de mon corps
le brûlant intérieurement,
tremblant de douleur
je soupire à l'aimer
je respire l'amour

à son regard sur ma peau
à son regard doux, qui me soufflait :

"*Aime moi sil te plaît* "

j'ai paniqué, tremblé, mais j'ai osé,
osé essayer ce que c'était d'aimer

dans la peur et l'incertitude, j'ai tenté
de découvrir ce sentiment, si profond et sacrifié

j'ai essayé d'aimer.

Aimons-nous, un instant

Ami devenue amant
tout semblait être virevoltant,
parcourant chaque partie de son corps,
son regard enivrant,
il était la folie qui me manquait

sa peau frissonnant
à mon seul toucher,
l'amour prenait une autre forme, un autre égard,

nos regards ne se cachaient plus
dans cette danse, nous étions nus
un nouveaux chapitre s'annonçait

enfin je l'espérais

j'ai versé des larmes ce soir, un écho de désarroi,
signe de désespoir ?

je ne pense pas que cette relation soit un chemin à
concevoir,
tout semble trop précipité, difficile à comprendre

j'ai besoin de clarté, de m'aimer avant de nous apprendre

pardonne-moi, si mes larmes expriment ma confusion,
je cherche une solution.

Aimons-nous, un instant

Et puis ce soir-là, j'étais seule,
seule contre mes pensées, seule contre lui

elle fut frappée, câlinée, mise à nu, aimée
ce fut douloureux, comme merveilleux

elle comprenait l'empreinte qu'il avait laissée sur elle,
mêlant force et amour

son cœur épris, elle espérait un amour sans condition,
même si le sien était partagé

égoïste peut-être, mais au plus profond
elle rêvait qu'il la choisirait

elle chérissait chaque éclat, chaque geste, chaque larme,
s'épanouissant dans le rire des mots qu'ils partageaient

et certaines soirées n'étaient que douloureuses,
parfois même silencieuses.

Alors elle continua d'écrire chaque soir,
une parole, une violence, un mot doux

elle écrivait pour ne pas oublier chaque pensée
qu'il avait émise à son sujet, pensant un jour
qu'il redeviendrait l'homme qu'elle avait aimé

j'espérais.

J'aimerais te confier que dans ma tête,
tout est loin d'être clair

il y a des faits que tu dois connaître,
le soir, les larmes coulent, sans explication valable,
simplement parce que j'en ressens le besoin, parce que
cela me procure un certain soulagement

n'étions-nous pas censés entamer un nouveau chapitre ?
les débuts ne devraient-ils pas être magnifiques ?

au lieu de ça, la mélancolie s'installe,
douce amertume du cœur

est-ce normal de ressentir cette peine latente,
ou ai-je mal interprété cette phase naissante?

Aimons-nous, un instant

à deux centimètres de toi, je n'ai jamais eu aussi peur
quand tu as élevé la voix, sur moi

j'ai ressassé tes mots à mon égard, toute la nuit
car je ne serai jamais l'image que tu t'es faite de moi

jamais assez bien, je m'y suis faite,

ne vous inquiétez pas pour moi

et je me devais d'être clémente,
quand ses paroles dépassaient sa pensée,
s'envolaient en une danse de délicatesse

je me devais d'être celle qu'il avait toujours souhaitée
celle qu'il aimait,

je me devais de le réconforter, quand sa violence
dépassait,
quand elle était si forte que je préférais m'imaginer
danser

je me devais de lui pardonner

pardonnez-moi
car sans lui,
je me sentais m'effacer

Aimons-nous, un instant

et j'ai appris à normaliser la douleur,

c'est donc cela, aimer avec ferveur ?

souffrir en attendant que son cœur guérisse,
tandis que le mien, doucement,

se déchire
se brise

j'étais trop accrochée,
il était le coeur que je ne voulais pas lâcher

j'avais beau essayer,
je tombais toujours dans ses bras

comme si ces mots doux,
effaçaient les marques, ma conviction et ma foi

Aimons-nous, un instant

te souviens-tu de ce jour où j'ai crié ton nom,
suppliant que tu me lâches, cherchant le pardon ?

te rappelles-tu comment je me débattais dans tes bras,
espérant que tu céderais enfin à ma voix ?

souviens-toi de comment tu m'as enfermée,
pour que je t'appartienne,
dans ton monde, emprisonnée.

Mel DA COSTA

Papa, je te retrouve ici,
j'ai l'impression de te voir,
est-ce normal encore une fois,
ce doux retour de mémoire ?

j'ai l'impression de te voir dans ces yeux si clairs,
comme si rien n'avais jamais vraiment disparu dans l'air

j'ai peur.

Aimons-nous, un instant

J'ai commencé à ressentir les premières crises,
le picotement, les mains tremblantes, le cœur qui
s'emballe
ma respiration se coupe,
un souffle devenu lisse,

dites-moi pourquoi j'ai l'impression de partir,
d'être si pâle ?

Je l'ai tellement aimé,
que je me suis oubliée
mon esprit éclipsé,

simplement à travers son baiser

Aimons-nous, un instant

il me sourit, me regarde avec amour,
c'est rare de nos jours, vous ne trouvez pas ?

pourtant, la seule chose que je vois dans ces yeux,
ce sont ces mains,
ces mains agrippant mes poignets,
m'immobilisant,
m'empêchant de quitter la pièce,
étouffant mes cris,

c'est sa main qui entre en contact avec mon cou,
sa main me poussant plus fort encore

mais il me sourit, me regarde avec amour,
"tu as de la chance", me disait-elle toujours

et puis, il m'a demandé pardon aujourd'hui,
encore une fois

il m'embrassa,
"je ne recommencerai pas, je te le promets", m'a-t-il dit

il ne recommencera pas,
il m'aime,
il me sourit,
me regarde avec amour

elles ont raison, *j'ai de la chance*

les mots on arrêté de sortir de ma bouche,
mon corps reste pétrifié,

et les crises ont continué à se répéter,
dans un cycle sans fin, que je ne peux arrêter

dans cette solitude, l'absence devient intense
mon âme entière, soudain paniquée, ressent la violence.
N'y était-elle pas habituée ?

mon pouls ralentit, un accord, mon souffle apaisé,
les mains moites, tremblantes, les larmes coulant le long
de ma joue,
je danse une valse,
mais le pouls persiste faible,
les mains crispées sur mes habits, dans cette atmosphère
oppressante,
chaud,
froid,
la respiration me quitte, sensation pesante

j'ai crié son nom une dernière fois
écho de mes douleurs, reflet de mes émois.

Explique-moi pourquoi, j'ai été ta cible,
après t'avoir ouvert mon cœur, révélé mon difficile
périple.

j'ai partagé mon enfance, mes peines, mes combats,
mais tu as choisi de me viser, de m'infliger des tracas

les mots que j'ai dévoilés, les secrets partagés,

ont-ils déclenché en toi une haine inexpliquée?
après avoir confié mes blessures,
mes espérances,
pourquoi suis-je devenue la cible de ta méfiance?

la confiance brisée, la compréhension évanouie,
explique-moi pourquoi,
après cette confidence amoureuse,
tu as choisi de me blesser, de faire preuve de froideur,
après avoir partagé mon histoire,
mon âme douloureuse

va-tu répéter mes tracas et mes pires peurs sur moi ?

suis-je un exemple de douleur,
t'ai-je inspiré, transformé ?

dans le miroir de tes mots,
je vois le reflet de ma souffrance,

ai-je été ton inspiration,
ta muse,
ton éclat,
ta délivrance ?

peux-tu me dire si au moins, ton coeur impur est
soulagé ?

si tes actes t'ont marqué et si tout cela a servi à quelque
chose,
au moins à t'alléger

dis-moi, est ce que tu a trouvé la paix ?
après m'avoir insultée, *violentée*

tu m'as donné toute les raisons de te détester,
et malgré ça, j'ai continué de t'admirer

à faire entendre, quelle belle personne tu étais
malgré les bleus sur mes poignets, blessée

j'ai persisté à dire que tu étais la plus belle personne que je connaissais,
car j'espérais, *sincèrement que tu changerais.*

Mel DA COSTA

« Je couche ces mots dans l'espoir qu'un jour,
Je devienne l'homme qui illuminera ton parcours

chaque jour qui passe, chaque heure, chaque minute,
mon amour pour toi s'accroît, sans que jamais il ne faiblisse

à travers les vents, j'entends tes peurs,
tes doutes, ta tristesse, tes pleurs
je souhaite les transformer en souvenirs révolus,
avec mon amour, sincère, doux et continu
avec affection, confiance, fierté, et joie,

mon amour t'est dédié, sans que jamais il ne se noie
je suis prêt à tout abandonner, te le confier,

dans l'espoir de devenir l'homme qui sera à tes cotés »

Aimons-nous, un instant

il a couché ces mots sur le papier,
le jour où il disait m'aimer,

il a laissé ces mots pour me toucher,
pour entendre mes peurs, les appliquer

il a écrit pour me faire croire en son miroir,
qu'il était une belle personne, sans avoir de gloire

ses mots étaient des pièges, des promesses fragiles,
destinés à me capturer, à me rendre docile

il a couché ces mots pour me toucher profondément,
pour m'atteindre moi,

en me brisant doucement

je suis devenue tout ce que je détestais,
impulsive,
jalouse,
et *possessive*

ton image avait façonné la mienne,
et tu m'as détestée,
voyant en moi ta propre haine

Aimons-nous, un instant

le problème avec moi, c'est que je voulais ta pensée,

même quand loin de toi, le ciel était tout gris, assombri
mais aussi quand il brillait, éclatant de lumière,
j'espérais,

q*ue tu songes à moi*, dans ces moments de clarté

trouvez-moi plus dur que de ramasser
ses habits éparpillés,
après avoir été jetée contre le carrelage,
délaissée

être forcée à partir de ma propre maison,
dans la douleur et l'humiliation de cette situation

trouvez-moi plus dur que de quitter le foyer que nous
avons bâti,

trouvez-moi plus dur que de faire ses valises,
en pleine nuit,

après avoir été expulsée, sans pitié, ni répit.

Je l'ai embrassé une dernière fois,
mon corps s'est consumé à cet effet

je sens que c'est la fin,
un adieu à un amour divin.

Aimons-nous, un instant

On a commencé à se détester mutuellement,
mais tu attendais que je t'aime pour deux, *patiemment*

au cas où,
au cas où ton amour reviendrait,

mon amour s'est éteint,
je ne reviendrai plus jamais

aujourd'hui, cela faisait trois jours,
qu'il ne m'avait pas parlé,
il m'avait laissée,
simplement avec un message pour m'exclure,
sans clarté

j'ai eu une crise si violente,
ma respiration faiblissante,
mes mains tremblantes,
la douleur envahissante

et vous savez quoi ?
je l'ai appelé, cherchant secours,
pour qu'il m'emmène à l'hôpital,
dans ces moments d'obscurité et de détours

il m'a répondu sèchement : *« non, débrouille-toi »*

sans compassion, me laissant seule, dans ce désarroi

Aimons-nous, un instant

j'ai suffoqué, pleuré,
laissant mon corps s'effondrer sur le sol froid,

les secours au bout du fil,
dans un souffle de désespoir

ma respiration s'est coupée,
suspendue dans l'angoisse,

j'ai cessé de vivre,
de respirer,
un instant, sans aucune trace

ce jour j'ai su qu'il ne ferait plus jamais partie de ma vie,
il ne serait plus mon ami,
il ne serait plus l'homme que j'avais aimé

il ne serait plus personne.

Aimons-nous, un instant

Le pire, c'est que j'ai tant souffert de ton absence,
alors que tu ne méritais même pas une larme en récompense

j'aurais dû me sentir libérée de ton emprise toxique,
mais au lieu de ça, j'ai pleuré ta perte, tragique

la perte de l'homme que j'ai aimé, de l'ami fidèle,
un vide immense, pourtant tu restais, *si cruel*

je pense souvent à nous en ce moment,
d'ailleurs, ça m'obsède, me rend malade même

mes mains pâlissent au simple fait que tu as refait ta vie,

si vite

une douleur qui persiste, qui survit
j'aimerais arrêter de penser à nous,
au lieu de ça, j'écris sur nous avant de dormir,
un dernier rendez-vous

sors de ma tête, je t'en prie,
laisse-moi refaire ma vie, un nouveau départ infini

je ne comprends pas comment, après autant de temps,
mon esprit peut te réclamer

j'aimerais t'enlacer, discuter de tout ce qui nous rendait heureux

retrouver le nous insouciant, plein d'envie, un doux écho

j'aimerais encore pouvoir t'aimer

et tu continues de faire comme si tu étais indifférent,
comme si mon cœur ne te manquait pas

pourtant, chaque mois,
ton nom s'affiche sur mon téléphone,
un rappel cruel que tes pensées n'ont pas abandonné la
mienne

puis j'ai oublié chaque détail que j'aimais en toi,
j'ai oublié combien j'ai pu te détester,

tout le mal que tu m'as fait

Aimons-nous, un instant

je ne me souviens plus du son de sa voix,
de ses répliques préférées, de nos éclats de joie,
d'autrefois

cela me fait peur, d'oublier chaque partie de toi
la couleur de tes yeux,
la douceur de ta peau sur la mienne

j'ai peur que mon corps ne se souvienne plus de toi,
dans toute ta splendeur, ta mélancolie, ta fureur

je veux me souvenir du pire pour ne pas retomber dans
le meilleur

et préserver mon coeur.

Depuis ton départ,
j'ai croisé d'autres hommes,
j'ai cherché en eux le bien que tu m'avais donné,
en somme

j'ai recherché cette tendresse, cette affection,
le respect,
un amour pur,
une belle connexion

mais je ne peux voir en eux que le mal
que tu m'as infligé

comme si tous étaient à ton image,
à ta manière de *m'abimer*

Aimons-nous, un instant

a travers tes yeux,
j'ai appris a me détester

- qu'est-ce que c'est « *aimer* » ?

quand je n'ai que le mot détester sur les lèvres,
quand chaque souffle est empreint de rancœur,

et que mon cœur,

ne connaît plus que la douleur.

Aimons-nous, un instant

4.   *A nous-même.*

Aimons-nous, un instant

Une obscurité s'installe au plus profond de ma tête
depuis plusieurs jours déjà, une tristesse inquiète.

Comment exprimer la perte du goût de la vie,
à ceux qui nous l'ont généreusement offerte,
avec tant d'envie ?

les nuits s'étirent, devenant de longues épreuves

je m'y perds

j'ai cessé de m'aimer,
d'exister dans ce noir,
une absence de lumière,
une détresse à vouloir voir

personne n'avait vraiment compris,
personne ne comprenait

moi-même j'avais du mal à comprendre
pourquoi je me sentais aussi vide
insignifiante

pourquoi j'avais cette sensation étrange de ne pas convenir,
de respirer dans le vide,
de suffoquer,
de déranger

au final, c'est tout ce à quoi j'aspirais

et je me suis enfermée dans cette atmosphère prudente
dans cette ombre,
où mes pensées se font hésitantes

même entourée, jamais je ne me suis sentie aussi seule,
comme si la peine m'enlaçait,
me prenait dans ses bras pendant des heures

Aimons-nous, un instant

oui maman,
je suis désolée
je n'ai pas respecté mon corps
je l'ai marqué
fait saigner
insulté
haï de tout mon être,

ne le reconnaissant pas
il est plein de marques
il a été brûlé
frappé
peut être même aimé

il était seulement mon passeport dans cette vie
que je détestais
j'avais besoin de sentir la douleur
de ressentir quelque chose,

je voulais me prouver à moi même,
que je n'étais pas vide
inerte finalement
j'avais besoin de savoir si j'étais toujours
en vie

il est le corps que je n'aimerai plus,
que je déteste, source de déni et d'intrusion

je me déteste de me sentir si fade
sans vie

j'ai commencé à croire que j'étais seule,
à connaître cette *douleur,*
comme si personne ne pouvait saisir,
l'ampleur de ma *peur*
isolée dans mes tourments, je m'enfonçais en silence,
convaincue que ma souffrance n'avait d'écho,
que dans *mon absence*

pardon de vous avoir inquiétés,
dans ces rêves noirs, où l'espoir est altéré
où le soleil en été ne brille plus en journée

là où tout semble silencieux, plus aucune vie à
manifester
toutes mes nuits, j'imaginais monter,
car la douleur y semblait moins forte,

un refuge désiré

sincèrement,
j'aurais aimé être lâche et tout laisser derrière moi

j'aurais aimé passer à l'acte, je ne sais combien de fois

ne vous méprenez pas ce n'est pas pour toutes leurs malveillances,
ce n'est pas pour eux

c'est juste que mon coeur est devenu trop petit pour tout supporter,
mon corps n'a pas de place pour de nouvelles marques,
de nouvelles histoires.

Je passe mon temps à m'excuser, voulant qu'il en fasse
autant après m'avoir blessée,

donc je m'excuse à chaque mot, chaque sous-entendu,
chaque remarque exprimée,

dans l'espoir de ne pas ressembler à ceux qui laissent
des marques à jamais enracinées

Aimons-nous, un instant

mon cœur a arrêté de parler
et mon esprit de respirer,
j'ai cessé d'aimer
puis d'exister

Note à mon psychologue :
dans l'ombre de ma détresse, j'ai cherché la lumière,
une oreille attentive à mes prières

mon cri, jugé trop léger, dans l'oubli se dilue, insipide
j'ai tenté de dévoiler mes maux, de libérer ma peine
mais les portes se sont fermées, laissant ma voix
enchaînée

la gravité de mon fardeau semble trop mince pour être
vue
et dans le silence, ma souffrance s'étire, méconnue
pourtant, derrière mon sourire, des tempêtes rugissent,
des émotions tumultueuses, des pensées qui se divisent.

je ne suis pas un chiffre, ni une simple échelle à
mesurer,
ma douleur, une réalité à considérer, à respecter
même si mon cas semble léger à vos yeux monsieur

dans mon cœur, il pèse lourd, un fardeau personnel
je cherche une main tendue, une épaule sur laquelle
m'appuyer,

une écoute bienveillante, pour m'aider à respirer
mon appel au secours, bien que jugé insignifiant,
résonne dans mon être, un cri silencieux, persistant
car même les maux légers, dans l'ombre, grandissent,

que mon appel ne se perde pas dans le vide indifférent,
chaque douleur mérite d'être entendue, respectée
sincèrement

et je suis donc restée là les yeux rivés sur mon esprit à comprendre comment m'en sortir toute seule

Comment faire ?

« J'espère que tu trouveras cette confiance en toi,
  même quand on est prêt à te l'apporter »

douleur insoutenable,
les sourires se sont éteints dans mon vocabulaire,
mon âme ne peut s'empêcher de hurler,
ma poitrine *inondée*

s'il vous plait, si mon coeur n'arrive plus à tout
supporter,
une fois encore,
prenez-le dans vos bras

une dernière fois

je déteste profondément mon âme,
mon coeur,
et ses choix

- qu'est-ce que c'est « *aimer* » ?

je pense qu'aimer a perdu tout son sens,

comment aimer quand notre cœur,
ne s'aime pas d'abord ?

on cherche ailleurs ce qu'on ne trouve pas en nous,
mais comment donner ce qu'on ignore à son tour ?

Aimons-nous, un instant

5.   *Au beau-père devenu une figure paternelle.*

Aimons-nous, un instant

C'est si difficile d'aimer de nos jours,
vous ne trouvez pas ?

entre les doutes, les peurs, et parfois la trahison qui
éclate,
l'amour se heurte à bien des défis,
naviguant dans un océan d'incertitudes infinies

l'explication des sentiments devient un défi complexe,
entre la confiance brisée et les cœurs perplexes,

chercher à comprendre ce que l'on ressent,
dans ce monde où l'amour semble parfois déconcertant

les trahisons laissent des cicatrices profondes,
et l'amour se retrouve parfois dans l'ombre,

pourtant, au-delà des blessures et des désillusions,
peut naître une résilience, une renaissance

aimer reste une aventure risquée,
mais dans chaque cœur, une possibilité
de guérir, de trouver une nouvelle direction
malgré les défis, l'amour peut être une *belle création*

et puis maman l'a rencontré,
il l'aimait d'un amour si sincère que cela m'a fait bizarre

je voyais dans ses gestes ce que je n'avais jamais
compris,
un amour simple, entier,
sans peur ni regard fuyant le hasard

Aimons-nous, un instant

il était là pour elle,
et pour la première fois,
je l'ai vue rire, même sourire,

elle était si belle,
elle ne riait pas pour oublier un triste souvenir,
elle riait, car pour la première fois,

elle était heureuse d'aimer un homme avec tant de désir.

Et puis son coeur a touché le nôtre,

`

Aimons-nous, un instant

il m'a appris à aimer la vie telle qu'elle était,
à la voir avec douceur,
à lâcher prise,

à respirer

à ses côtés, j'ai compris que l'homme
n'était pas que violence et somme de douleurs

en lui réside aussi la douceur qui embaume,
un cœur capable d'amour, de lumière, de couleurs

dans mon nid solitaire, la paix s'est installée,
seule dans mon chez-moi, une douce clarté

mon cœur éveillé, a compris sa beauté,
en silence, l'harmonie s'est révélée

et depuis bien longtemps, mon esprit *enfin* apaisé

élevée comme sa propre fille,
il m'a offert son cœur, une douce brise

avec chaque sourire, il a construit un monde,
où je me sens aimée, où l'amour abonde.

Aimons-nous, un instant

cet homme qui a su chérir ma mère, tendre destin.
Il a enseigné l'amour, de gestes pleins de douceur,
une leçon précieuse, une inoubliable ferveur

gratitude d'avoir mis sur ma route cet éclaireur,
qui m'a appris que l'amour est un pur bonheur

aimer et être aimé, droits sacrés à préserver,
il a illuminé ma vie, m'a appris à m'aimer

merci, pour cette leçon d'amour,
qui a gravé dans mon cœur des étoiles d'été
en montrant que le droit d'aimer m'appartient,
chaque soir

sa présence me fait un bien fou,
c'est étonnant de voir comment quelqu'un peut être si
profondément ancré dans votre vie,
si attentif et réconfortant,
alors qu'il connaît si peu de choses sur vous

c'est comme s'il savait instinctivement ce dont j'ai
besoin, sans avoir à poser de questions, juste par sa
manière d'être là, discrète mais puissante.

Il est l'épaule d'un père que je n'ai jamais eu, cette présence rassurante et stable qui me manquait tant

à travers lui, je trouve un soutien que je n'ai jamais connu, une force silencieuse sur laquelle je peux enfin m'appuyer

il était fier de me reconnaitre comme sa fille,
il était fier de tout ce que j'entreprenais,

il était simplement *fier de moi*.

J'ai gagné en assurance et,
pour la première fois,
je me suis dit que j'avais le droit d'être aimée avec la même intensité,
que je méritais un amour aussi fort que celui que je suis capable de donner, sans compromis ni demi-mesure

en réalité, je suis une amoureuse de l'amour,
je désire être aimée et aimer en retour,
aimer pour ce que j'inspire, rien de plus,
compter sur une seule personne, une présence qui m'inclut

j'aime l'idée de passer ma vie avec mon âme sœur,
de sourire à son arrivée,
sentir le bonheur

avoir des yeux seulement pour lui, c'est mon souhait,
nous pousser vers la réussite, main dans la main, à jamais

je ne veux pas être seule,
partager cet amour qui me ronge,
ne pas être détruite, triste, ou que le mal m'habille

je veux aimer, rire, sourire, ressentir des papillons,
que sa main prenne la mienne, unissant nos émotions
je veux aimer sans compter, sans peur, sans détour,

je te veux, toi, sans savoir qui tu es, mais avec amour

je veux de la couleur et du bruit,
des éclats de rires qui résonnent, des moments qui éblouissent,
des jours vifs, vibrants, *remplis de vie*

je veux être intense, passionnée, et dérangée

j'aime dormir les volets ouverts,
observer les lumières défiler
elles illuminent ma nuit, comme des rêves animés

chaque éclat de lumière danse dans l'obscurité,
créant une symphonie de douce sérénité.

Pour la première fois cette nuit-là ?
je me suis sentie naitre et vivre enfin

Aimons-nous, un instant

j'ai compris que l'amour était authentique,
malgré les horreurs, l'image reste magnifique

au-delà des mots amers, une beauté persiste,
aimer, c'est souvent voir l'âme, l'essence artistique
les tourments prononcés, comme des vagues déferlantes,
je choisis de voir la lumière, loin de toute tourmente

l'amour, une lueur qui transcende la noirceur,
dans ce prisme, le reste s'estompe, douce ferveur

les horreurs révèlent la force du lien,
aimer, c'est choisir de regarder au-delà du chagrin

dans les méandres du cœur, une tendre danse,
l'amour véritable, une éternelle romance

aujourd'hui, j'ai compris ce que c'est d'être aimée,
de m'aimer, d'embrasser ma lumière sans hésiter.
C'est une danse délicate, un doux équilibre,
où l'amour de soi et des autres se libère et vibre.

Aimons-nous, un instant

6. *Des au revoir écrasants.*

Aimons-nous, un instant

Quand enfin mon esprit et mon cœur semblent apaisés,
quelque chose de plus sombre surgit, inattendu, pressé

comme si mon destin était voué à être détruit,
à chaque lueur d'espoir, un nouvel abîme s'ouvre

maman m'a appelée aujourd'hui pour dire que demain,
il ne sera peut-être plus là,
un choc dans mon cœur,
une douleur que je ne peux qu'éprouver sans fin

ses mots résonnent,
lourds comme une mélodie de désespoir,

« *je suis désolée* », a-t-elle murmuré,
mes cris étouffant les siens, comme une mer en furie

dans ce moment suspendu, le monde semble se figer,
je me perds dans l'ombre, un adieu difficile à imaginer.

Aimons-nous, un instant

Je l'ai pris dans mes bras, une dernière fois,
son corps froid, les bras détendus,
dans le froid du désarroi

m'entendait-il souffler :

« reste près de nous, je t'en prie »,

une lueur d'espoir dans ce moment où le temps
s'évanouit

ce soir là je n'ai pas dormi,
je ne sais plus ce que je raconte cela fait des semaines
que ne dors plus
les souvenirs me hantent,
même en journée

et mon corps ne peut s'empêcher de crier :
« *Ne nous abandonne pas* »

j'ai posé mon coeur sur sa poitrine

il a arrêté de battre
le mien ou le sien ?

au final les deux avaient pris *la fuite*

et il nous a quittées simplement,
sans un mot,
sans un geste,

sans la douceur qu'il nous avait *offerte*

puis tout ce que j'avais construit, s'est ensuite envolé,

et les nuages noirs sont revenus, me condamnant à la pluie, à jamais

depuis que tu es partie,
les nuits s'étirent, longues et sans fin,
le sommeil m'a quitté, laissant mon cœur en écrin

je rêve d'entendre encore une fois,
ta voix me dire, avec joie,
« *Je suis fier de toi* »

des mots qui résonnent comme une étreinte,
un réconfort dans cette nuit sombre,

l'absence d'une présence chère,
et dans le silence, ton éloignement me pèse,

les étoiles dans le ciel semblent sourire,
mais dans mon cœur, persiste un désir

entendre encore ta voix, douce et sincère,
réchaufferait les nuits froides, éclairerait l'amer

alors, dans l'obscurité qui m'enveloppe,
je tends l'oreille, espérant que l'écho frappe
les mots "*Je suis fier de toi*", une lumière,

guidant mes pas dans la nuit sans repères

après ton départ tout semble si fade,

les couleurs ont perdu de leur éclat, le rouge vire au noir
les fleurs ne poussent plus, le temps est suspendu
les rires résonnent en sourdine, mélodie perdue
l'eau est devenue froide, les bains de minuit confisquées
un silence profond, l'absence a figé ces nuits étoilées,

ce que l'on a tant aimé aujourd'hui déserté

Aimons-nous, un instant

depuis ton départ mes yeux ont arrêté de se fermer,
comme si me réveiller sans le son de ta voix
de bon matin n'existerait plus

j'ai arrêté de dormir, de rêver

depuis, le son de ta voix me brise
je ne veux pas croire que tu ne seras pas là, pour les
évènements de ma vie d'adulte
je ne veux pas croire que tu ne seras pas là, quand
j'aurai enfin guéri

à cet instant j'ai arrêter de m'aimer..
tout simplement.

Mel DA COSTA

Et j'ai menti quand j'ai dit que je me portais bien,
vos larmes n'égalent pas les miennes

je voulais vos sourires, pas votre peine,
dans ce jeu, la douleur est reine

Aimons-nous, un instant

ça me brise que mes adieux aient pris un sens unique,
des mots qui restent bloqués, des sentiments en suspens,

une distance infinie, une douleur mélancolique,
un au revoir silencieux,

laissant un vide écrasant

merci à toi d'avoir été mon pilier, mon souffle pour
m'aider à respirer,
merci d'avoir éloigné ces envies meurtries de mon esprit
merci d'avoir cru que je pouvais faire quelque chose de
mon cœur, même après qu'il fût détruit,

merci d'avoir été patient
merci pour ton cœur ouvert
tes paroles douces en direction de mon être

comment ton cœur pourra-t-il soigner le mien,
à présent ?
quand la douleur s'installe
et que tout semble incertain ?

On m'a posé la question : "quelle est pour toi la
meilleure année de ta vie ? »

j'ai longtemps hésité, avant de mentir, une année
aléatoire, sans envie

car aucune ne se démarque,
aucune n'a été remplie de joie,

dans ce dédale de souvenirs,
mon cœur n'y trouve pas sa voie,
et encore moins sans toi

les jours se sont écoulés, sans éclat, sans élan,
et dans ce flot monotone, je cherche en vain.
Alors je mens, sans conviction, sur une année
quelconque,
car la vérité est trop amère, trop douloureuse, je le
conçois

mais au fond de moi, je garde l'espoir, infime lueur,
qu'un jour viendra où la joie m'inondera

Aimons-nous, un instant

aux cœurs purs qui nous ont laissé un amour sans défaut

partis avant l'heure, trop vite envolés,
ils ont emporté avec eux ce que signifie aimer, à jamais

dans l'ombre, ils veillent, étoiles scintillantes,
leur lumière persiste, éternelle, vibrante

ce tribut sincère, ces mots en mémoire,
rendent hommage à ces êtres, sources de tant d'espoir

à travers cela j'ai compris que l'on ne guérissait jamais vraiment, car il y a toujours quelque chose qui nous fera nous sentir, *insignifiant*.

Je vous promets, j'ai essayé de me relever,
mais cette fois, c'était trop,
le poids était trop lourd à porter

j'ai combattu chaque jour, luttant contre l'obscurité,
mais parfois, même les plus forts doivent apprendre à
plier

et quand j'ai compris que j'avais rechuté,
je n'ai jamais autant souri que pendant cette période,
dissimulée

car c'était fini, je ne voulais pas les inquiéter,
pas encore,

ils venaient de perdre un proche, je ne voulais pas qu'ils
en perdent deux, encore plus fort.

Aimons-nous, un instant

7.   *Aux cœurs purs qui nous aiment sincèrement.*

Et quand le gris avait façonné mon univers,
il a su le métamorphoser,
le remplir d'une teinte plus verte, plus claire, *plus légère*

sans savoir que la bonté de son âme,
avait enlacé la mienne

Mel DA COSTA

je t'ai rencontré,
et pour être honnête, j'ai peur que tu leur ressembles,
que tu me brises comme ils l'ont fait,

alors je me suis dit, pour éviter le malaise,
que mettre de la distance serait peut-être, *la sagesse*

Aimons-nous, un instant

mais au fond de moi, je désire l'approcher,
pour découvrir en toi ce que j'ose cacher

il était le genre d'âme qui colore les journées,
chaque échange avec lui était une aventure, à savourer

il brillait de mille feux, aimant la vie sans réserve,
avec une joie si pure, presque inaltérable
étonnamment, il prêtait l'oreille à mes rêves
et mes pensées,
il incarnait l'homme dont tout le monde aurait rêvé

dans mes instants les plus sombres, il était là, souriant,
comme s'il voulait me dire que tout irait bien,
lentement.

Il aimait ma compagnie, comme j'aimais la sienne,
une parenthèse,

une douce scène

je crois que je commence à bien l'aimer,
sa présence,
son âme,
et sa résonance

son amour a touché le mien, le transformant en quelque chose de beau,
les nuages sombres se sont évanouis, le ciel retrouve son éclat à nouveau

je souris

Aimons-nous, un instant

pardonne-moi, si maladroite, je tente d'exprimer,
ce que j'ignore, mais que j'aimerais te témoigner

à travers des gestes, malhabiles peut-être,
mais c'est ainsi que mon amour prend naissance,
peut-être

maladroitement, dans chaque geste sincère,
c'est tout ce que je connais, une manière singulière

pardonne mes égarements,
maladroitement, je t'offre mon cœur imparfait,
c'est tout ce que je possède, un amour vrai, sans regret.

Mel DA COSTA

Pardon si je pars trop vite,

un instant, je dois filer,
mais dans mon cœur, tout est écrit,
je reviendrai te retrouver

ce n'est qu'une petite course,
le temps de me retrouver,
je ne vais pas loin, en douce,
je serai bientôt à tes côtés

Aimons-nous, un instant

pourquoi c'est si dur de préserver une personne ?

laisse-moi te préserver des pleurs, des cris,
épargner *ton cœur des tempêtes, et des nuits*

laisse-moi te préserver de mon âme sensible,
héritée de la vie.

Aimons-nous, un instant

Mon cœur le redemande,
alors s'il vous plaît, dites-lui que j'ai lutté,
autant que j'ai pu, contre mes sentiments dévastés,
je les ai rejetés autant que j'ai pu,
je vous assure, mais il est toujours revenu

je ne voulais pas lui infliger mes tracas,
j'avais peur qu'il soit fatigué de toujours me rassurer,
de mes crises d'angoisse, de mes pleurs répétés,
j'avais peur qu'il voit le vrai moi,
la fille tourmentée et brisée

je voulais être la meilleure partie de moi pour lui,
car il fait ressortir le meilleur de lui

dites-lui que malgré mes efforts, mon cœur l'appelle
encore,

et tu me manques, même sans cesser d'exister,
un écho dans le cœur, une ombre à mes côtés
l'absence n'efface pas, elle renforce l'envie,
de retrouver ta voix, ta chaleur, ta vie

j'ai attendu que mon cœur soit prêt,
que les blessures s'apaisent, que le temps *soit gai*

à présent,

dites-lui que je veux qu'il fasse partie de ma vie,
que mon cœur est prêt,
que mon âme et la sienne peuvent enfin s'enlacer,
dites-lui que mon âme douloureuse semble l'aimer,
dites-lui qu'il apaise ma vie et la rend plus jolie

qu'il sache que je suis prête à tout partager,
que nos âmes liées peuvent enfin s'envoler,
que chaque moment passé ensemble soit douceur,
car il illumine ma vie, en chassant la douleur

dites-lui que mon cœur ne peut plus attendre,
que son amour est la clé de mes méandres,
qu'il transforme ma tristesse en une mélodie,
et qu'à ses côtés, tout devient harmonie

merci de m'aimer pour la personne que je suis

Aimons-nous, un instant

merci à ton inconscient de m'avoir attendue,
d'avoir laissé une place dans ton cœur, étendue

quand je disais ne pas être prête, tu es resté,
avec patience, douceur, *tu m'as apaisée*

après ce jour-là, mon sourire n'a plus quitté mon visage

il réveille en moi le sourire d'un enfant,
il me fait sentir vivante,
joyeuse à chaque instant

il ne m'a pas dit que mon corps lui plaisait,
il ne m'a pas dit que mes yeux étaient jolis,
ou que j'avais un beau sourire, si poli

il m'a simplement dit que j'avais
une belle âme.
Il a conquis mon cœur à cet instant précis,

avec des mots doux, simples, exquis

Aimons-nous, un instant

il ne me dit pas "je t'aime »,

mais il m'ouvre toujours la porte, un doux poème
il m'embrasse sur le front, tendrement,
fait deux heures de route pour me voir, même un instant

il ne me dit pas "je t'aime",
mais il me laisse son côté du lit, sans problème
il écoute mes histoires pendant des heures,
ses attentions silencieuses révèlent son cœur

Mel DA COSTA

je n'ai jamais été assez
pour quelqu'un
assez pour pouvoir être aimée

avec lui c'est différent
je suis même trop et ça me va pleinement

Aimons-nous, un instant

j'ai appris à m'aimer pour pouvoir t'aimer en retour,
à trouver en moi la force d'un amour qui demeure,

car c'est en s'aimant soi-même, avec douceur,
qu'on peut offrir à l'autre un cœur, *plein de chaleur*

je rêve qu'un jour mes yeux rencontrent les tiens,
avec la même flamme,
la même étincelle,
que ce premier instant où nos cœurs, sereins,
se sont trouvés, s'aimant enfin *paisiblement*

dans mes pensées,
l'amour danse,
c'est une sensation délicate, légèreté qui résonne
cœur vibrant, affection qui m'éclaire et frissonne

aimer, c'est voler, se sentir légère
et sincère.

*Je veux que mes journées soient
ensoleillées de son rire*

c'est donc cela être « *aimée* »
de la plus belle des façons, simplement, sans excès.

Aimons-nous, un instant

Mel DA COSTA

Merci

Aimons-nous, un instant

Mel DA COSTA

*A ces hommes qui nous ont endurci le corps,
le cœur et l'esprit.*

Aimons-nous, un instant

Note de l'auteur :

Ce livre est un hommage à toutes les personnes proches de notre cœur surtout celles qui nous ont quittés beaucoup trop tôt. Ce livre démontre l'amour et le respect que l'on devrait avoir et la nécessité de s'estimer.

Écrire ce livre m'a fait comprendre beaucoup de choses, m'a appris à m'aimer, à refermer les blessures ouvertes depuis des années sans jamais en discuter sincèrement. Garder enfoui tout cela n'a pas été la meilleure des solutions et je ne le conseille à personne. Il est important d'en parler à des gens de confiance et surtout apprendre à s'aimer seule avant d'apprendre à aimer quelqu'un, d'être une belle personne.

Je pense sincèrement que l'on ne guérit jamais totalement de son passé. Il reste avec nous, sur nos épaules, pour une durée indéterminée. Mais on apprend à vivre avec. Ce qui était autrefois une charge mentale écrasante devient une cicatrice, marquée sur notre peau, qui ne partira jamais. Cependant, j'ai appris à la contrôler. Nous contrôlons cette partie de nous, déboussolée et alarmée. À travers cet ouvrage, j'ai redécouvert qui je suis, et j'ai appris à m'aimer pour ce que j'étais, cicatrices comprises.

Aimons-nous, un instant

Mel DA COSTA

AIMONS-NOUS, UN INSTANT